POÉSIES DIVERSES,

PRÉCÉDÉES

D'UN POËME SUR LA VACCINE,

PAR M. CASIMIR DELAVIGNE.

PRIX : 2 FRANCS.

A PARIS,

CHEZ LADVOCAT, LIBRAIRE,

ÉDITEUR DES ŒUVRES COMPLÈTES DE SHAKSPEARE, SCHILLER, BYRON,
MILLEVOYE, ET DES CHEFS-D'ŒUVRE DES THÉATRES ÉTRANGERS.

M DCCC XXIII.

POÉSIES

DIVERSES.

OUVRAGES NOUVEAUX.

VALÉRIE, comédie en trois actes et en prose, par MM. Scribe et Mélesville;

Prix, 3 fr., et 3 fr. 5o c. par la poste.

FIELDING, comédie en un acte et en vers, par M. Ed. Mennéchet, lecteur du Roi;

Prix, 2 fr., et 2 fr. 25 c. par la poste.

CONTES MYTHOLOGIQUES, par Madame Sophie P***, deux jolis volumes in-12, imprimés par Firmin Didot, et ornés de deux culs-de-lampe;

Prix, 6 fr., et 7 fr. par la poste.

Tous les journaux ont été d'accord sur le mérite de cet ouvrage consacré à l'éducation de la jeunesse.

SOUS PRESSE.

POÈMES ET POÉSIES DIVERSES, par M. Saintine; un volume in-18, tiré sur grand raisin et orné d'une vignette;

Prix 3 fr., et 3 fr. 5o c. par la poste.

Nota. Ce joli volume est imprimé avec autant de soin que no r. édition in-18 des *Messéniennes* de M. Casimir Delavigne.

MÉLANGES LITTÉRAIRES ET DISCOURS, par M. Villemain, membre de l'Académie Française.

Les personnes qui désirent acheter ce volume sont invitées à se faire inscrire d'avance. Elles le recevront le jour de la mise en vente et le paieront 6 fr. au lieu de 7 fr. 5o c., prix auquel cet ouvrage sera porté à la mise en vente.

DE L'IMPRIMERIE DE FIRMIN DIDOT.

POÉSIES

DIVERSES,

PRÉCÉDÉES

D'UN POÈME SUR LA VACCINE,

Par M. CASIMIR DELAVIGNE.

A PARIS,

CHEZ LADVOCAT, LIBRAIRE,

ÉDITEUR DES OEUVRES COMPLÈTES DE SHAKSPEARE, SCHILLER, BYRON,
MILLEVOYE, ET DES CHEFS-D'OEUVRE DES THÉATRES ÉTRANGERS.

1823.

AVIS

DU LIBRAIRE-ÉDITEUR.

———

En publiant in-18 les Messéniennes de M. Casimir Delavigne, et en ajoutant à cette jolie édition des poésies inédites de cet auteur, nous n'avons fait que répondre au vœu du public; mais nous n'avons point prétendu laisser incomplète la collection in-8° de ses OEuvres poétiques. Nous avons constamment publié des suites aux divers ouvrages dont nous avons augmenté les deuxièmes éditions; ainsi, le premier *Ouvrage politique de M. Guizot*[1] a eu son supplément; deux éditions des *OEuvres Complètes de Lord Byron* (l'in-18[2] et l'in-8°[3]); et les *Mémoires de l'Abbé Morellet*[4], ont aussi été complétés.

Nous nous croyons si peu dispensé de ces égards

———

(1) Supplément à l'ouvrage intitulé : *Du Gouvernement de la France et du Ministère actuel* (une brochure in-8°, prix, 1 fr. 50 c.).

(2) Tomes IX, X et XI de l'édition in-18; prix 6 fr.

(3) Tome IV et V de la première édition in-8°; prix 12 fr.

(4) *Lettres Inédites de l'Abbé Morellet,* faisant supplément à la première édition de ses Mémoires; 1 vol. in-8°, prix 3 fr., et 3 fr. 50 c. par la poste.

envers le public, que nous prenons l'engagement de toujours compléter les premières éditions des ouvrages que nous imprimerons, tant que cela dépendra de notre seule volonté. C'est ainsi que nous voulons répondre à la bienveillance avec laquelle on accueille depuis long-temps nos diverses entreprises.

LADVOCAT.

Paris, ce 11 janvier 1823.

TABLE.

LA DÉCOUVERTE

DE LA VACCINE,

POÈME.

LA DÉCOUVERTE
DE LA VACCINE,
POÈME.

QUELS titres n'ont-ils pas à l'amour des humains,
Ces mortels inspirés, dont les savantes mains
Pour nous de la nature ont percé les mystères,
Dans des cercles connus ont fait rouler les sphères,
Et, sondant l'infini, peuplé ses profondeurs
D'immobiles clartés et de feux voyageurs?
Leur sublime génie, à travers les nuages,
Osa ravir aux cieux le secret des orages;
A l'aide du cristal en prisme façonné.

Divisa les rayons du soleil étonné;

Expliqua des couleurs les brillants phénomènes,

Et de notre pensée agrandit les domaines.

Mais reculer l'instant qui nous plonge au tombeau,

Des misères de l'homme alléger le fardeau,

Détruire sans retour ce mal héréditaire,

Que l'Arabe a transmis au reste de la terre (1),

Qui trop souvent mortel, toujours contagieux,

D'une lèpre inconnue a frappé nos aïeux,

Qui n'épargne le rang, ni le sexe, ni l'âge;

C'est le plus beau laurier dont se couronne un sage.

Quelquefois le hasard nous prête son flambeau,

Pour éclairer nos pas dans un sentier nouveau.

Au fond du Glocester, dont les vertes campagnes

---

(1) On sait que les soldats d'Omar apportèrent la petite vérole en Égypte, d'où elle se répandit dans le reste du monde.

Nourrissent des taureaux les utiles compagnes,

Jenner opposait l'art à ce fléau cruel,

Tribut que la naissance impose à tout mortel.

Ses bienfaisantes mains prévenaient la nature,

Et, déposant au sein d'une heureuse blessure

Du poison éprouvé le germe moins fatal,

Transmettaient à-la-fois le remède et le mal (1).

C'est ainsi qu'avant nous les peuples de l'Asie

Préservaient ces beautés, trésors de Circassie,

Qu'un avide intérêt, par ce triste secours,

Aux ennuis du sérail condamnait pour toujours.

Mais c'est peu d'arrêter le torrent dans sa course,

Et Jenner plus heureux en doit tarir la source.

Le bien dans tous les arts n'est qu'un pas vers le mieux.

Tandis que dans Berkley ses loisirs studieux

---

(1) Jenner inoculait à Berkley lorsqu'il découvrit la vaccine.

Contemplent les troupeaux des fécondes génisses,

D'un mal, qui le surprend, les fraîches cicatrices

Ont fixé tout-à-coup ses yeux observateurs.

« Quelquefois, lui dit-on, de malignes humeurs,

« S'arrêtent sous les chairs de la mamelle ardente.

« Le trayon douloureux que la fièvre tourmente,

« Hérissé de tumeurs, couvert d'un pâle azur,

« Prodigue moins les flots de son lait encor pur (1),

« Et pressé par les doigts du berger trop avide,

« Distille goutte à goutte une liqueur limpide (2).

« Ces venins pénétrants empoisonnent la main

« Qui brise leur prison et leur ouvre un chemin;

« Mais sitôt qu'un pasteur en a senti l'atteinte,

« Il n'est plus tourmenté par la commune crainte :

« Le fléau dont vos soins viennent purger ces lieux,

« Émousse contre lui ses traits contagieux. »

_____

(1) Le lait moins abondant n'éprouve aucune altération.

(2) La limpidité est un des caractères principaux qui distinguent le bon vaccin. (HUSSON.)

Jenner entend ces mots, et sa route est tracée.

Il marche, il touche au but que poursuit sa pensée.

Par le fer délicat dont il arme ses doigts,

Le bras d'un jeune enfant est effleuré trois fois.

Des utiles poisons d'une mamelle impure,

Il infecte avec art cette triple piqûre.

Autour d'elle s'allume un cercle fugitif.

Le remède nouveau dort long-temps inactif.

Le quatrième jour a commencé d'éclore,

Et la chair par degrés se gonfle et se colore.

La tumeur en croissant de pourpre se revêt,

S'arrondit à la base et se creuse au sommet.

Un cercle plus vermeil de ses feux l'environne ;

D'une écaille d'argent l'épaisseur la couronne ;

Plus mûre, elle est dorée, elle s'ouvre, et soudain

Délivre la liqueur captive dans son sein.

Puisez le germe heureux dans sa fraîcheur première,

Quand le soleil cinq fois a fourni sa carrière.

Si la douzième nuit a commencé son cours,

Souvent il offrira d'infidèles secours.

A peine les accès d'une fièvre légère

Accompagnent les pas de ce mal volontaire,

Et l'ennemi secret par lui seul combattu,

Chassé de veine en veine, expire sans vertu.

O triomphe immortel dans les fastes du monde!

Beauté, fille des cieux, toi, dont la main féconde

Se plaît à varier ses trésors enchanteurs,

Joint la forme élégante à l'éclat des couleurs,

Imprime au front de l'homme une mâle noblesse,

Et d'un sexe adoré fait régner la faiblesse;

Premier lien des cœurs et volupté des yeux,

Beauté, toi dont l'éclat, sur des traits gracieux,

Détruit avant le temps, passait comme un sourire,

Nous pourrons désormais prolonger ton empire.

Mais le bruit du prodige à Londres se répand.

Recueilli dans la plaie, un philtre bienfaisant,

Fixé sur des tissus, prisonnier sous le verre,

Sans perdre son pouvoir traverse l'Angleterre.

Pour Jenner chaque épreuve est un succès nouveau.

Vainqueur, devant ses pas il chasse le fléau.

En vain dans ses fureurs une ignorance altière,

Un bandeau sur les yeux, insulte à la lumière;

Le fanatisme, en vain contre lui déclaré,

Environne l'erreur de son rempart sacré;

Où règne la raison, l'erreur est sans défense,

L'Angleterre examine, approuve et récompense.

L'Anglais, né libre et fier, aime la vérité;

Il la cherche, il la trouve, il marche à sa clarté.

Estimé des Français, il leur doit son estime;

Mais avare en tout temps d'un tribut légitime,

Sans accorder l'éloge, il le veut obtenir.

Rivaux, si l'intérêt a pu nous désunir,

La justice en nos cœurs ne dut jamais s'éteindre :

Deux grandes nations s'admirent sans se craindre!

Voyez loin d'Albion ces Anglais courageux,

A travers les écueils, sur les flots orageux,

Du secret de Jenner propageant les merveilles,

Semer sur d'autres bords l'heureux fruit de ses veilles.

Fendez le sein des mers, hardis navigateurs!

Les autans enchaînés suspendent leurs fureurs;

Un dieu veille sur vous; un dieu doit vous conduire.

Abandonnez la voile au souffle du zéphire,

Le ciel est pur, la nuit prodigue ses flambeaux,

Et les sœurs de Thétis entraînent vos vaisseaux!

Déja vous atteignez, par-delà le tropique,

Le vaste continent que baigne l'Atlantique.

Le vaccin voyageur parcourt ces bords lointains,

Où le moka doré mûrit pour nos festins,

Et ces vallons peuplés de jeunes bayadères,

Dont Madras a tissu les parures légères.

Il pénètre à Bagdad, aux murs de Bassora

Que le myrte enrichit des larmes de Myrrha,

Dans ces champs, où de loin le voyageur admire

Quelques débris épars des grandeurs de Palmire,

Aux lieux où Constantin a fondé ses remparts,

Et sous le ciel glacé de l'empire des Czars.

Mais volons sur ses pas aux rives de la France.

Le bruit de ses bienfaits vainement le devance;

La folle confiance, aux regards effarés,

Adopte les récits par l'effroi consacrés.

Des crimes de Jenner quelle absurde chronique!

L'un croit trouver la mort dans ce philtre magique;

L'autre croit voir sa fille, errante aux pieds des monts,

Fouler, nouvelle Io, le thym et les gazons (1);

Et chacun, s'obstinant dans l'erreur qui l'obsède,

Veut expirer du mal, par la peur du remède;

Un plus hardi paraît, et seul mieux inspiré,

---

(1) Quelques habitants de la campagne, même dans les environs de Paris, ont poussé la folie jusqu'à croire que le vaccin pouvait leur faire prendre la forme de l'animal qui le fournit.

Hasarde un premier pas trop long-temps différé.

Son audace est heureuse, une autre se rassure;

Un troisième après lui veut tenter l'aventure.

Chaque jour est marqué par de nombreux essais :

Paris donne l'exemple au reste des Français;

Aux leçons de Paris la province est docile,

Et bientôt le village ose imiter la ville.

Loin du toit fastueux par le riche habité,

J'ai vu dans les hameaux la sainte humanité,

A des travaux pieux consacrant ses lumières,

De la contagion affranchir les chaumières.

Quand, sous l'humble clocher du temple villageois,

L'airain qui frappe l'heure avait frémi deux fois;

Vêtu, comme aux beaux jours, de sa blanche tunique,

Le chantre, précédé d'un tambour pacifique,

Du docteur redouté proclamait le retour,

Femmes, enfants, vieillards se pressent à l'entour.

Ce mortel si terrible à leurs yeux se présente.

Ses regards paternels dissipent l'épouvante ;

Il rassure la mère, il sourit aux enfants,

Il prédit au vieillard qu'il doit vivre cent ans.

Sous le chaume bientôt la foule se rassemble ;

On entre, on est assis, de nouveau chacun tremble.

Ils répondent par ordre à l'appel du pasteur ;

Une bourse à la main, de loin le bon docteur

Montre au plus intrépide un prix de sa vaillance ;

Le magister sourit d'un air de défiance,

Et les traces d'un mal qu'il a trop mérité

Ont gravé sur son front son incrédulité.

L'instant fatal approche ; il faut qu'on se décide....

Des assistants nombreux quel est le moins timide ?

Qu'il se signale !... Il vient ; tous au fer menaçant

Vont offrir tour à tour un bras obéissant.

Debout au milieu d'eux, le Nestor du village

Tout bas par ses discours affermit leur courage.

Une mère l'écoute, et les pleurs dans les yeux,

Inquiète, à son fils adresse ses adieux,

Le présente au docteur et soudain le retire,

Puis le présente encor, se détourne et soupire.

L'un affecte un grand cœur que son trouble dément;

L'autre rougit, pâlit et pleure franchement;

Leur voisin en héros affronte la piqûre,

Après ce bel exploit, plus fier de sa blessure

Qu'un vieux soldat français mourant pour son pays

Dans les champs de Rocroi, de Lens ou d'Austerlitz.

Cependant à regret leur bienfaiteur les quitte.

Quelques jours écoulés, un soir il les visite.

Ce n'est plus la terreur qu'il fait naître aujourd'hui :

Ses malades charmés sautent autour de lui;

Le plus jeune d'entre eux l'embrasse et le caresse;

Leurs visages vermeils respirent l'allégresse;

Ils devancent ses pas d'un air leste et dispos.

Leurs compliments naïfs, leurs aimables propos,

La verdeur des vieillards, la fraîcheur de leurs filles,

La joie et la santé de toutes les familles,

Attestent le pouvoir d'un art libérateur,

Et tous, sans le connaître, en bénissent l'auteur.

Adopte ce bienfait, ô France, ô ma patrie!

Après tant de revers qui ne t'ont pas flétrie,

En dépit des vainqueurs, forcés de t'admirer,

Quel beau siècle pour toi semble se préparer!

Je vois de toutes parts une race nouvelle

S'élever dans ton sein plus nombreuse et plus belle;

La nature vaincue en respecte la fleur.

Plus tard étincelants de grace et de vigueur,

Ces jeunes nourrissons peuplent tes champs fertiles;

Laboureurs au village, artisans dans les villes,

Par l'équité sévère armés du fer des lois,

Admis à la tribune à discuter nos droits,

Ardents, prêts à donner tous les trésors de l'Inde
Pour les lauriers de Mars ou les palmes du Pinde !
Croissez, nobles enfants, l'espoir du nom français,
Par la guerre illustrés, soyez grands dans la paix.
Si quelque roi jaloux insulte à votre gloire,
Couronnez votre front d'une double victoire :
Régnez par les beaux arts sur ses peuples soumis,
Et restez sans rivaux comme sans ennemis.

POÉSIES DIVERSES.

ENVOI
DES MESSÉNIENNES

SUR LES MALHEURS DE LA FRANCE

A MADAME***.

Les voilà ces chants funéraires,
Faible tribut de ma douleur :
Lisez ; le trépas de nos frères
Pour vous, du moins, fut un malheur.

Aux beaux jours de notre vaillance
Leurs noms immortels sont liés,
Ils revivront, chers à la France,
Mes vers seront oubliés.

La jeunesse ira d'âge en âge,
Parcourant des champs meurtriers
Visiter en pélerinage
·Les mânes de nos vieux guerriers.

Alors paraîtront à sa vue
Leurs glaives par le temps rongés,
Leurs os brisés par la charrue....
Alors nous les aurons vengés.

On verra la France, animée
D'un souvenir triste et pieux,
Combattre et vaincre aux mêmes lieux,
Pour ensevelir son armée.

Leur cendre vole au gré du vent
Dans ces champs témoins de leur gloire;
Mais notre courage et l'histoire
Se chargent de leur monument.

DANAÉ.

....Εὖδε βρέφος, εὐδέτω δὲ πόντος,
Εὐδέτω ἄμετρον κακόν.
SIMONIDE.

LES ministres fougueux du tyran d'Éolie

Troublaient au loin les airs de leurs longs sifflements;

Et des rochers émus jusqu'en leurs fondements

Amphitrite insultait la cime ensevelie

Sous ces monts écumants.

Un torrent pluvieux s'échappait des nuages,

Et les pâles clartés que vomissaient leurs flancs

Sillonnaient les flots turbulents

De cet océan sans rivages.

Le front déja voilé des ombres du trépas,

Seule sur un esquif, Danaé gémissante

Levait au ciel ses yeux éteints par l'épouvante,

Ses yeux.... Son jeune fils reposait dans ses bras.

Enfin, avec transport, sur son cœur elle presse

Ce fils, l'unique objet de ses mornes douleurs,

Puis de ses froides mains doucement le caresse,

Et lui dit, le couvrant de baisers et de pleurs :

« Si jeune, tu ne peux connaître

« Toute l'horreur de notre sort,

« Pauvre enfant, tu souris peut-être

« Au flot qui t'apporte la mort.

« Phébé, que ton céleste frère

« Abaisse ses regards sur moi ;

« Fils de Latone, souviens-toi

« Des infortunes de ta mère.

« Hélas! rallumant son flambeau,

« Que l'Aurore tarde à paraître!

« Dieu! quelle nuit et quel berceau

« Pour un enfant qui vient de naître!

« O mon fils! il n'est plus d'espoir!

« Déja l'abyme nous dévore :

« Sur mon sein je te presse encore,

« Mais je ne dois plus te revoir. »

Cependant Jupiter a tressailli de crainte :

Pâle, il s'est élancé, le courroux dans les yeux.

C'est un père, un amant, c'est le maître des dieux;

Il porte sur son front cette majesté sainte,

Qui consterne la terre et fait trembler les cieux.

La foudre à son aspect se tait épouvantée;

A ses pieds les autans déposent leur fureur;

De la voûte du ciel qu'elle avait insultée,

     La mer précipitée

Dans ses gouffres sans fond retomba de terreur.

Il parle; Danaé tremble à sa voix chérie,

Se courbe sous sa gloire, et frissonne, et s'écrie :

« Grace, dieu redouté; ne nous consume pas

« De l'éclat dévorant dont ta gloire est armée.

« Et toi, lève, ô mon fils, ta tête inanimée;

  « C'est ton père, tends-lui les bras !

« Il m'exauce, aucun bruit ne frappe mes oreilles;

« La nuit a rallumé ses astres radieux;

« Tu souris, tes beaux yeux se ferment, tu sommeilles;

  « Dors, mon fils, sur la foi des dieux. »

Elle dit, et l'esquif sous un ciel sans nuage,

Poussé par les zéphirs, glisse jusqu'au rivage.

Danaé sur des fleurs dépose son trésor,

Cet enfant qu'à regret les flots semblent lui rendre,

L'écoute respirer, l'entend, l'écoute encor,

Ne peut se lasser de l'entendre,

Et le cœur agité d'un doux frémissement,

Sentant son sein pressé par la bouche vermeille

De l'enfant qui s'éveille,

Rend un pieux hommage à son céleste amant.

●●●

ANTIGONE ET ISMÈNE,

PLEURANT SUR LEURS FRÈRES.

———

Ἴτω δάκρυα,
Ἴτω γόος.

ESCHYLE.

ANTIGONE.

ÉCLATEZ, mes sanglots !

ISMÈNE.

Coulez, coulez, mes pleurs !

ANTIGONE.

Tu frappes et péris.

ISMÈNE.

En immolant tu meurs.

ANTIGONE.

Son glaive te renverse.

ISMÈNE.

Et sous ton glaive il tombe.

ANTIGONE.

Même âge.

ISMÈNE.

Même sang.

ANTIGONE.

Et bientôt même tombe.

O frères malheureux!

ISMÈNE.

Plus misérables sœurs!

ANTIGONE.

Éclatez, mes sanglots!

ISMÈNE.

Coulez, coulez, mes pleurs!

ANTIGONE.

Mes yeux se couvrent de ténèbres;

Mon cœur succombe à ses tourments.

ISMÈNE.

Ma voix, lasse de cris funèbres,

S'éteint en sourds gémissements.

ANTIGONE.

Quoi! périr d'une main si chère!

ISMÈNE.

Quoi! percer le cœur de son frère!

ANTIGONE.

Tous deux vainqueurs.

ISMÈNE.

Vaincus tous deux!

ANTIGONE.

O récit qui me désespère!

ISMÈNE.

O spectacle encor plus affreux!

ANTIGONE.

Où les ensevelir?

ISMÈNE.

A côté de leur père:

Il fut infortuné comme eux.

ANTIGONE.

O mon cher Polynice !

ISMÈNE.

Étéocle ! ô mon frère !

ENSEMBLE.

Et nous plus misérables sœurs !

ANTIGONE.

Éclatez, mes sanglots !

ISMÈNE.

Coulez, coulez, mes pleurs !

HYMNE A VÉNUS.

.... Hominum divumque voluptas,
Alma Venus!   LUCRÈCE.

Vénus, ô volupté des mortels et des dieux!

Ame de tout ce qui respire,

Tu gouvernes la terre, et les mers, et les cieux,

Tout l'univers reconnaît ton empire!

Des êtres différents les germes précieux,

Qui dorment dispersés sous la terre ou dans l'onde,

Rassemblés à ta voix féconde,

Courent former les corps que tu veux enfanter.

Les mondes lumineux roulent d'un cours paisible,

L'un vers l'autre attirés, unis sans se heurter,

    Par ton influence invisible!

Tu parais, ton aspect embellit l'univers :

Je vois fuir devant toi les vents et les tempêtes;

    L'azur éclate sur nos têtes;

Un jour pur et divin se répand dans les airs.

L'onde avec volupté caresse le rivage;

Les oiseaux palpitants sous leur toit de feuillage,

Célèbrent leurs plaisirs par de tendres concerts.

Des gouffres de Thétis tous les monstres informes

    Font bouillonner les flots amers

Des élans amoureux de leurs masses énormes.

Les papillons légers se cherchent sur les fleurs,

Et par un doux hymen confondent leurs couleurs.

L'aigle suit dans les cieux sa compagne superbe;

Les serpents en sifflant s'entrelacent sous l'herbe;

Le tigre, dévoré d'une indomptable ardeur,

Terrible, l'œil sanglant et la gueule écumante,

Contemple, en rugissant d'amour et de fureur,

La sauvage beauté de son horrible amante.

Tout ressent de Vénus la puissante chaleur;

Tout produit: les vallons, les fleuves, les montagnes.

La rose se parfume et le chêne verdit;

Au fond de l'océan la perle s'arrondit,

Et les palmiers en fleurs fécondent leurs compagnes.

Cependant les Sylvains, brûlés des mêmes feux,

Pressent la nymphe palpitante,

Qui tremble dans leurs bras nerveux,

Et de désir et d'épouvante!...

La déesse sourit aux mortels enchantés :

Elle entend s'élever du milieu des cités,

De l'épaisseur des bois, du sein des mers profondes,

Un murmure confus de cent bruits amoureux ;

Et ce concert voluptueux,

Est l'hommage éternel des êtres et des mondes.

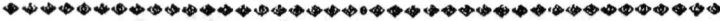

ODE.

....Neque harum, quas colis, arborum
Te, præter invisas cupressos,
Ulla brevem dominum sequetur.
                    HORACE.

Déja l'Aurore aux mains vermeilles

Sème les roses du matin;

Va, jeune esclave, sous ces treilles

Porter les coupes du festin.

Que ces flacons, dont la vieillesse

Promet à la soif qui nous presse

Un nectar long-temps respecté,

Rafraîchis par des eaux limpides,

M'apportent dans leurs flancs humides

Le délire et la volupté.

C'est ainsi qu'une aimable ivresse

Loin de moi chasse la douleur :

De mes jours la mort est maîtresse!

Je suis maître de mon bonheur.

Quand l'aveugle destin l'outrage,

Amis, le véritable sage

S'enveloppe de sa vertu.

Dédaignant la plainte importune,

Il rit, et boit à la Fortune,

Qui pensait l'avoir abattu.

Des beaux arbres qui m'ont vu naître,

Les cyprès doivent seuls un jour,

Derniers compagnons de leur maître,

Le suivre à son dernier séjour.

Mais que parfois la vigne encore,

Sur nos fronts que son jus colore,

Courbe ses fortunés berceaux,

Avant que le cyprès fidèle

Balance son ombre éternelle
Sur le marbre de nos tombeaux.

O Naïs! par la mort cruelle
Quand mon arrêt sera porté,
Approche, la douleur t'appelle
Où t'appelait la volupté.
Réponds à ma voix défaillante,
Soulève ma tête tremblante,
De ton souffle viens m'embraser :
Ah! que sur tes lèvres de flamme
Je puisse déposer mon ame,
Que j'expire dans un baiser.

Alors que ma froide paupière
Pressera mes yeux à jamais,
O Naïs! pour faveur dernière,
Couronne-moi de myrtes frais.
Paré comme en un jour de fête,

Sur un bras inclinant ma tête,
Une coupe vide à la main ;
J'offrirai la riante image
De ce convive heureux et sage,
Qui sommeille après un festin.

Toi-même à la clarté ravie,
Tu dois fermer tes yeux si beaux ;
Mais un jour l'éternelle vie
Sortira du sein des·tombeaux.
Comme deux époux de la veille,
Qu'un tendre souvenir éveille
Aux premiers rayons du matin,
Surpris et charmés de renaître,
Ensemble nous verrons paraître
L'aurore d'un jour sans déclin.

A MES AMIS.

Fugaces.....
Labuntur anni. HORACE.

O mes amis, que ce banquet m'enchante !
J'aime ces jeux, ce désordre et ces cris,
Des vins fumants la pourpre étincelante,
Ces fruits épars et ces joyeux débris.

Dans soixante ans, quand l'âge impitoyable
Fera trembler les flacons dans ma main,
Puisse Bacchus nous rassembler à table,
Et nul de nous ne manquer au festin!

Nous chanterons d'une voix moins sonore;

Mais que Bacchus dicte nos derniers vers :

Buvons à lui, qu'un jus brûlant colore

Nos fronts pâlis par quatre-vingts hivers!

Plongeons nos sens dans une heureuse ivresse :

Le lierre, amis, sied bien aux cheveux blancs;

Ses rameaux verts couvrent de leur jeunesse

Les vieux ormeaux dépouillés par les ans.

L'ATTENTE.

Tutto con te mi piace,
Sia colle, o selva, o prato.
MÉTASTASE.

L'AURORE a chassé les orages:
D'un voile de pourpre et d'azur
Elle pare un ciel sans nuages;
L'onde roule un cristal plus pur.

Sur un gazon humide encore,
Aux premiers regards du soleil,
La rose, se hâtant d'éclore,
Ouvre un calice plus vermeil.

Un zéphir plus doux la caresse;
Les oiseaux sont plus amoureux;

6

La vigne, avec plus de tendresse,
Embrasse l'ormeau de ses nœuds.

Dans ces retraites solitaires,
Tout s'embellit de mon espoir :
Frais gazons, beau ciel, onde claire,
Sauriez-vous qu'elle vient ce soir ?

AU VALLON D'ARGENTOL.

> Quàm juvat immites ventos audire cubantem
> . . . .
> Aut gelidas hibernus aquas quum fuderit Auster,
> Securum somnos imbre juvante sequi.
> Hoc mihi contingat.... TIBULLE.

RETRAITE d'Argentol, vallon tranquille et sombre,

Qu'habitent le travail, la paix et le bonheur,

Que j'aime à respirer ce reste de fraîcheur,

A l'ardeur des étés échappé sous ton ombre!

Le zéphire se plait dans tes longs peupliers;

Ces monts, où deux forêts balancent leur verdure,

Environnent ton sein d'une double ceinture.

Courbez-vous sur mon front, rameaux hospitaliers,

Source fraîche où ma main recueille une onde pure,

Reviens par cent détours aux bords que tu chéris;

Poursuis; que ton murmure, en charmant mes oreilles,

Se mêle au bruit léger de cet essaim d'abeilles

Qui vole en bourdonnant sur les buissons fleuris.

Des chênes ébranlés mutilant les racines,

Puissent les noirs torrents, dont le cours inégal

Dans un lit de gravier gronde au pied des collines,

Ne jamais obscurcir ton paisible cristal!

Puissent le dieu des champs et ses nymphes divines

Écarter loin de toi le chasseur inhumain,

Quand, l'oreille aux aguets, sortant du bois voisin,

La biche au pied léger, ou le chevreuil timide,

Vient se désaltérer à ta source limpide.

Ah! si jamais le ciel, soigneux de mes plaisirs,

Fixe ma vie errante au milieu de ces plaines,

Je veux que leur enceinte enferme mes désirs,

Que mon travail soit libre ainsi que mes loisirs :

J'y veux couler en paix des jours exempts de peines.

Quand l'ardent Sirius blanchit l'azur des cieux,

Quel bonheur de fouler des herbes verdoyantes,

Ou, dans les nuits d'hiver, quand un vent pluvieux

Vient battre à coups pressés les vitres frémissantes,

De rêver à ce bruit qui vous ferme les yeux !

Si je meurs entouré de riantes images,

Je ne veux pour tombeau que ces gazons épais.

Les passants, fatigués de quelques longs voyages,

Pourront s'y reposer sous des peupliers frais ;

Mon ombre écartera de leur couche tranquille

L'insecte malfaisant, le reptile odieux :

Un regret, un soupir, en quittant ces beaux lieux,

Me paîront au-delà mes soins et mon asyle.

Voilà mes seuls désirs : puissent-ils plaire aux dieux !

O vallon fortuné, paisibles promenades,

Tout ce faste imposant que Paris va m'offrir,

Ces palais, ces jardins et leurs tristes Naïades,

Du besoin de vous voir ne me sauraient guérir;

Entre vos monts altiers, au bruit de vos cascades,

Que ne m'est-il donné de vivre et de mourir!

A MON AMI***

EN LUI DEMANDANT, POUR UNE VIEILLE FEMME, UNE PLACE
DANS UN HOSPICE.

Au secours d'une infortunée
La pitié m'appelle aujourd'hui,
Et je réclame ton appui
Pour adoucir sa destinée.

La faiblesse enchaîne ses pas;
Sur son front tremblant qui s'incline
L'âge accumule ses frimas:
Elle est bien vieille comme Alcine,
Pour sorcière, elle ne l'est pas.

Ami, sois donc sa providence :
Elle compte plus d'un rival ;
Hélas ! dans ce siècle fatal,
On trouve encor la concurrence
A la porte de l'hôpital.

Mon astre, dit-on, me menace
D'y mourir aux dépens du Roi ;
Pour elle accorde-moi la place,
Et la survivance, pour moi.

STANCES.

Θανεῖν μὲ δεῖ, κᾶν μὴ θελῶ.
ANACRÉON.

Vɪᴠᴏɴs heureux, la mort est sur nos pas;
Que du néant tout ici nous instruise,
Et la liqueur que notre soif épuise,
Et le cristal brisé dans nos ébats!
De ce flambeau la lueur passagère
Nous dit encor qu'il faut chasser l'ennui :
Buvons, amis, tandis qu'il nous éclaire;
Chacun de nous peut mourir avant lui.

Que, poursuivant des trésors incertains;
Le voyageur traîne une vie errante,

7

Dispute aux flots la perle transparente,

Et les parfums aux sables africains !

L'encens lointain caché dans la Libye

Vaut-il les fleurs dont se couvrent nos vins,

Et l'ambre épars aux rives de l'Asie,

L'ambre doré qui rit sur les raisins ?

Les descendants d'un comte ou d'un baron,

En char pompeux font voler la poussière.

Le médaillon qui brille à la portière,

Promène aux yeux l'éclat de leur blason;

Mais les coursiers gênés, par mille entraves,

Étincelants d'une impuissante ardeur,

Du frein doré sont cent fois moins esclaves

Que nos barons de leur triste grandeur.

Qu'on porte envie au pontife romain;

Son corps glacé dans la pourpre frissonne,

Son front fléchit sous la triple couronne,

Ses saintes clefs lassent sa faible main;
L'ennui l'assiége, et la goutte assassine,
Rongeant les nœuds de ses doigts inégaux,
Va se cacher sous la bague divine,
Dont la vertu guérit de tous les maux.

Quand l'urne d'or enfermait ses héros,
Rome honorait leurs ombres consulaires,
Pour leur bâtir des palais funéraires,
Elle épuisa les marbres de Paros.
Vaine grandeur! Les ans dans leur naufrage
Ont entraîné ces pompeux monuments :
Anacréon n'a laissé qu'une page,
Qui flotte encor sur l'abyme des temps.

Lisons ses vers, imitons ses plaisirs,
Gais sans transports, délicats sans mollesse,
Sur nos besoins réglons notre sagesse ;
En vains projets n'usons point nos désirs.

N'immolons pas notre belle jeunesse

Au fol espoir d'en prolonger le cours :

Enfin, rendons au néant, qui nous presse,

Des jours remplis plutôt que des longs jours.

Ouvrages publiés par Souscription.

CHEFS-D'OEUVRE

DES

THÉATRES ÉTRANGERS:

Allemand, Anglais, Chinois, Danois, Espagnol, Hollandais, Indien, Italien, Polonais, Portugais, Russe, Suédois ; traduits en français par MM. AIGNAN, ANDRIEUX, Membres de l'Académie Française; le baron de BARANTE, BERR, BERTRAND, CAMPENON, Membre de l'Académie française, BENJAMIN CONSTANT, CHATELAIN, COHEN, A. DENIS, F. DENIS, ESMÉNARD, GUIZARD, GUIZOT, LABEAUMELLE, LE BRUN, MALTE-BRUN, MENNECHET, lecteur du Roi; MERVILLE, CHARLES NODIER, PICHOT, ABEL REMUSAT, CHARLES DE REMUSAT, le comte de SAINT-AULAIRE, le comte de St.-PRIEST, le baron de STAËL, TROGNON, VIL-LEMAIN, Membre de l'Académie française, VISCONTI.

FORMANT 20 vol. in-8° de plus de 500 pages.

CONDITIONS DE LA SOUSCRIPTION.

Pour être souscripteur, il suffit de se faire inscrire chez l'Éditeur.

Le prix de chaque volume est de 6 francs papier ordinaire, et 15 francs le grand papier vélin satiné : une livraison paraît tous les vingt jours. La collection entière sera publiée à la fin de mars 1823.

Le CONSTITUTIONNEL, le JOURNAL DES DÉBATS, le JOURNAL DE PARIS, le COUR-RIER FRANÇAIS, la QUOTIDIENNE, le MIROIR, ont en même temps, au fur et à mesure que les douze premières livraisons paraissaient, signalé à leurs lecteurs cette importante entreprise, en la désignant comme le monument littéraire le plus important qui ait été élevé à l'art dramatique. Depuis trente ans, les noms honorables des littérateurs qui y concourent nous dispensent d'ajouter aucun éloge sur son exécution. Qu'il nous suffise de dire que celui-ci complètera, avec notre édition de Shakspeare et de Schiller, la collection des poètes dramatiques que la France n'a pas produits, et que, réuni à l'excellent Théâtre des Grecs de M. Raoul-Rochette, et au Théâtre des Latins de MM. Duval et Levée, qui n'a pas mérité moins de succès, il tiendra lieu d'une bibliothèque entière des Théâtres étrangers.

OEUVRES COMPLÈTES

DE

SHAKSPEARE.

Traduites de l'anglais par F. GUIZOT,
Et le traducteur de lord Byron, ornées d'un beau portrait; précédée d'une notice biographique sur Shakspeare, par F. Guizot.

13 volumes in-8°, de 515 pages chacun.

Prix : chaque vol............................... 5 fr.
Idem, papier satiné, 5 fr. 50 cent., et 15 fr. grand pap. raisin vélin.

Nous aurions pu réduire cette édition à dix volumes, selon la promesse du Prospectus, si les auteurs s'étaient contentés de reviser la première traduction; mais, outre les retranchements rétablis dans le corps des pièces, retranchements si nombreux (ils forment au moins trois volumes), que la modestie seule des traducteurs nous fait laisser le nom de Letourneur en tête de cette traduction nouvelle; notre édition s'est encore enrichie d'une tragédie tout entière (Périclès), et de deux poèmes de la jeunesse de Shakspeare (Vénus et Adonis et la Mort de Lucrèce), d'une Vie de Shakspeare, par M. Guizot (ouvrage très-important, et qui a près de 200 pages), et de trente-sept notices et de notes, qui n'ont pas peu contribué au succès de cet ouvrage.

C'est au succès et à l'empressement avec lequel le public a bien voulu accueillir cette entreprise, que nous devons l'idée de notre importante collection des Chefs d'Œuvre des Théâtres étrangers.

OEUVRES DRAMATIQUES
DE
SCHILLER,

Traduites de l'allemand; et précédées d'une notice biographique sur Schiller, par M. de Barante, Pair
de France;
Ornées d'un beau portrait.

6 volumes. Prix.. 3o fr.
Papier satiné 33 fr., grand raisin vélin......................... 9o fr.

Le mérite de cette traduction remarquable a encore augmenté la réputation littéraire de son auteur, presque aussi distingué par l'importance des emplois qu'il
a remplis, que par l'élévation de son talent. Tous les journaux n'ont eu qu'une
même opinion sur l'élégance avec laquelle il a reproduit le Théâtre du *Shakspeare*
de l'Allemagne.

Ouvrages par Souscription.

OEUVRES
DE
LORD BYRON.

Quatrième édition entièrement revue et corrigée par
A. P..... T.; précédée d'une Notice sur Lord Byron,
par Charles NODIER.
5 vol. in-8°, ornés de 27 vignettes.

Cette édition paraît par livraison d'un volume; et chaque volume, composé de
5oo pages, coûte 9 francs, papier satiné, aux souscripteurs.

Cinquante exemplaires seulement seront tirés sur grand raisin, vélin satiné, et
coûteront 25 francs le volume, fig. avant la lettre et épreuves, eau forte.

Pour rendre cette édition digne du but que je me suis proposé, je fais exécuter vingt-sept gravures d'après les beaux dessins de Westall, par les meilleurs artistes de notre école. Ce travail, déja très-avancé, qui n'aura rien à envier à celui des plus habiles graveurs de l'Angleterre, et qui ne fera cependant pas sortir mon édition de la proportion économique de vingt pour cent de prix d'achat (l'édition originale se vend 250 francs à Londres).

OEUVRES COMPLÈTES

DE

MILLEVOYE.

DÉDIÉES AU ROI.

4 VOL. IN-8°, ORNÉS D'UN BEAU PORTRAIT.

IL est inutile de parler des succès que Millevoye a obtenus dans tous les genres qu'il a essayés; ils sont assez connus : et ses poésies inédites, qui composent près du tiers de cette nouvelle édition, comprendront sous ce rapport des choses très-nouvelles, et qui révèleront des secrets particuliers de son talent, que ses amis les plus familiers n'avaient pas tous devinés.

Dans le reste de ses ouvrages, on a suivi avec fidélité, sur un exemplaire de la dernière édition, les corrections nombreuses et pleines de goût qui attestent dans le spirituel auteur cette facilité laborieuse, le don le plus rare du poète, et que Boileau se flattait d'avoir enseigné à Racine.

Cette édition, qui forme quatre volumes in-8°, est ornée d'un beau portrait, et précédée d'une Notice sur la vie de Millevoye, par un homme très-éclairé, dont l'amitié a présidé aux premiers développements de son talent. La mise en ordre des OEuvres a été confiée à M. CHARLES NODIER, qui fut un des meilleurs amis de Millevoye, et qui a reçu de ses dernières volontés cette intéressante mission.

Cette édition paraîtra par livraison d'un volume, de mois en mois, et chaque volume coûtera 6 francs 50 centimes, papier satiné, aux souscripteurs. Cinquante exemplaires seulement seront tirés sur papier grand-raisin vélin, et coûteront 20 francs le volume, figure avant la lettre.

La dernière livraison vient de paraître.

www.ingramcontent.com/pod-product-compliance
Lightning Source LLC
LaVergne TN
LVHW022119080426
835511LV00007B/917